NOTICE BIOGRAPHIQUE

DE

M. CHARLES-AUGUSTE CATELIN

Ancien Chef d'Institution

VICE-PRÉSIDENT DE LA SOCIÉTÉ D'INSTRUCTION ET D'ÉDUCATION

POPULAIRES

MEMBRE DU CONSEIL SUPÉRIEUR ET ARCHIVISTE

DE LA SOCIÉTÉ NATIONALE D'ENCOURAGEMENT AU BIEN

PAR

HONORÉ ARNOUL

Secrétaire général de la Société nationale d'Encouragement au Bien,

Président de la Société libre d'Instruction et d'Education populaires.

PARIS

2, RUE BROCHANT (SQUARE DES BATIGNOLLES)

1876

NOTICE BIOGRAPHIQUE

DE

M. CHARLES-AUGUSTE CATELIN

Ancien Chef d'Institution

VICE-PRÉSIDENT DE LA SOCIÉTÉ LIBRE D'INSTRUCTION ET D'ÉDUCATION
POPULAIRES

MEMBRE DU CONSEIL SUPÉRIEUR ET ARCHIVISTE

DE LA SOCIÉTÉ NATIONALE D'ENCOURAGEMENT AU BIEN

MESDAMES, MESSIEURS,

L'immortel auteur de l'*Imitation* a dit dans ce livre consolateur : « Les croix vous attendent partout, vous ne sauriez les éviter ; en quelque lieu que vous alliez, vous en trouverez à chaque pas. Regardez en haut, en bas ; chacun porte la sienne. Il faut savoir souffrir ici-bas pour jouir de la paix intérieure et mériter la couronne éternelle. »

Il est donc vrai que la souffrance est de tous les temps, de toutes les conditions, et que la mort touche également de sa faux impitoyable pauvres et riches, la tête blonde et les cheveux blancs, brise les liens de famille et ceux de l'affection, sans pitié pour les douleurs qu'elle sème autour d'elle, sans égards pour les talents, sans respect pour la vertu.

Une large part nous a été faite et nous avons été cruellement éprouvés. Mais de toutes les larmes qui ont coulé de nos yeux cette année, il n'y en a pas eu de plus amères que celles dont a été l'objet notre digne ami, notre collaborateur assidu, Charles-Auguste Catelin, vice-président de la Société libre d'Instruction et d'Education populaires, membre et archiviste du Conseil supérieur de la Société nationale d'Encouragement au Bien. — D'autres mieux que moi pourraient raconter cette vie modeste et si utilement remplie, mais aucun ne parlera de lui avec plus de vénération et une plus profonde douleur.

Charles Catelin est né le 17 février 1804, à Paris, d'honnêtes commerçants qui lui firent suivre les cours d'une institution de la rue Saint-Martin.

A 15 ans il devint petit clerc d'avoué, mais cette position convenait peu à ses goûts. Le commerce ne lui convenait pas mieux; il se mit à étudier jour et nuit, et parvint seul à conquérir ses grades primaires. Il se sentait entraîné vers la carrière de l'enseignement. A 22 ans, il se maria, et, secondé par sa noble compagne dont le courage égalait le sien, il ouvrit une institution primaire libre. C'est de là que sortirent successivement des hommes distingués dans les lettres, les sciences ou les arts, tels que Mürger et Léopold Laluyé, le professeur Mazuel, les peintres Marchal et Berne-Bellecourt, Berton père, de la Comédie-Française, etc. Une maladie grave le força de renoncer pendant un temps à sa profession et de vendre la maison qu'il avait fondée.

Le repos lui ayant rendu la santé, il reprit les occupations qui allaient si bien à ses goûts et à ses aptitudes. Il établit un pensionnat à Bourg-la-Reine; — mais un obstacle auquel il n'avait pas songé se présenta. Le grade conféré à M. Catelin n'était pas suffisant pour l'instruction secondaire; il fallait le diplôme de bachelier, et pour l'obtenir il était nécessaire d'aborder des études spéciales et travailler doublement. Il ne s'effraya pas, il étudia et travailla si courageusement et si bien que, quelques mois après, il passait brillamment ses examens et recevait ses palmes.

Le 2 mars 1841, il fut licencié maître de pension.

C'est à son initiative et à ses démarches actives qu'est dû le décret exonérant les chefs d'institution de la taxe ou droit universitaire de 25 fr. par élève, droit si lourd et contre lequel on se contentait de maugréer tout bas. Ce fut là un grand service rendu à tant d'hommes utiles et dévoués.

Quelques années après, nous trouvons Charles Catelin à Montrouge, à la tête d'un établissement important, qu'il dirigea jusqu'en 1855.

A cette époque il donna en mariage sa fille unique à M. Benoît, qui lui parut réunir toutes les qualités voulues de moralité et de savoir, toutes les garanties du bonheur qu'il rêvait pour son enfant bien-aimée, et il le chargea de continuer son œuvre.

En cette circonstance comme en beaucoup d'autres, cet esprit observateur et judicieux avait parfaitement jugé.

Jamais homme ne se fût accommodé mieux que M. Benoît aux exigences de la situation, et n'eût répondu avec plus de cœur aux vues de celui qui lui avait confié des destinées si chères. Aussi, dans ses épanchements intimes avec nous, l'excellent père nous disait, non sans émotion, qu'il bénissait Dieu chaque jour de lui avoir réservé un tel fils.

En effet, Messieurs, tous ceux qui connaissent l'intérieur de la maison Catelin ont pu apprécier l'union touchante qui y règne, l'affection et le respect, disons mieux, l'adoration que portaient les enfants et les petits-enfants au vénérable chef de cette famille patriarchale.

Tout en abandonnant la direction de son établissement à son gendre, M. Catelin n'y resta jamais étranger. Il en avait la haute main et rien ne s'y faisait sans ses conseils ; un désir de lui était un ordre pour tous, et tous étaient heureux de s'y conformer sans chercher à le discuter.

Il en eût coûté trop de peines et de regrets à notre digne ami de n'avoir plus autour de lui tout ce petit monde auquel il avait voué le meilleur de son existence. Il aimait à former le cœur des élèves pendant que le gendre s'attachait à orner leur esprit des connaissances nécessaires aux grands combats de la vie. Aussi, comme on l'aimait ! comme il était obéi ! Tous ceux qui se sont abrités quelques années sous ce toit béni sont restés les amis reconnaissants de l'homme de bien que nous pleurons.

Ses occupations multiples ne l'empêchaient pas d'écrire, pour la jeunesse, des petits livres sans prétention où, sous une forme familière et anecdotique, il s'efforçait de rendre pour tous la morale douce et facile à retenir. Il a publié *les Enfantines* et *Fleurs du Printemps*, illustrés de planches dessinées par lui-même et couronnés par notre Société.

M. Charles Catelin était aussi bon citoyen que bon père de famille. Peut-être même, comme le voulait Fénelon, donnait-il la priorité des affections obligatoires à la patrie. Jusqu'au dernier jour, il la servit de son mieux, et dans mille circonstances il fut véritablement héroïque ; vingt fois il risqua sa vie, en 1830, pour défendre la Banque de France confiée à sa garde ; il était officier dans la milice urbaine. En 1848, il se montra digne de son passé. Nommé d'office vice-président de la commission municipale de Montrouge, il fut à la hauteur des événements et se fit la réputation d'administrateur habile, dévoué et courageux.

Ici trouve sa place un trait qui achève de peindre l'homme dont, en peu de mots, je vous ai tracé le portrait. Pendant les troubles de la révolution de 1848, la garde nationale était sous les armes à la barrière d'Enfer, quand vint à passer le général Bréa suivi de son aide de camp le capitaine Mangin.

— Qui commande ici, dit le général, sans doute un militaire d'après ce que je vois?

— Non général, répond un garde, c'est un maître de pension.

— Diable! mais où a-t-il appris l'art de faire la guerre?

Puis après quelques moments de surprise, il fit venir M. Catelin.

— Ah! lui dit-il, vous êtes le maire de Montrouge? et vous n'avez jamais servi! je vous fais mon compliment, si toutes les barrières étaient gardées comme la vôtre, la besogne qui nous reste à faire serait facile. Courage! tenez bon et merci.

Puis le général se dirigea du côté de la barrière d'Italie.

— N'allez pas là, lui dit M. Catelin, ou laissez-moi vous faire accompagner par des gardes nationaux.

— Non, non, c'est inutile, au revoir.

Et il partit au galop sans plus rien vouloir entendre.

Hélas! on sait quel drame affreux se passa quelques moments après à cette barrière fatale.

A cette époque, il sauva la vie à quelques malheureux gendarmes traqués par une foule furieuse à la barrière d'Enfer.

Sa belle conduite pendant la guerre de 1871 et pendant la Commune lui conquirent toutes les sympathies et les félicitations des honnêtes gens. La Société de secours aux blessés lui remit sa croix de bronze et la Société nationale d'Encouragement au Bien, se faisant l'interprète de l'opinion publique, lui décernait solennellement, en 1872, sa plus haute récompense, la couronne civique!

Voici textuellement ce que je dis à cette occasion, car c'était à moi qu'était dévolu l'honneur de porter la parole devant l'immense foule qui encombrait le cirque :

« La vie de M. Catelin est toute sillonnée d'actes de dévouement, de bravoure et d'humanité.

« En 1830, il était aide de camp du comte de Laborde. En 1848, il s'empare du fort de Montrouge, et s'y maintient avec le courage et le sangfroid d'un grand capitaine jusqu'à l'arrivée des renforts qu'il avait demandés.

« Mais, c'est dans les temps désastreux de 1870-71, que M. Catelin s'est élevé à une virilité d'action, que son âge rend vraiment héroïque. Il partit, emmenant avec lui son petit-fils, âgé de dix-sept ans, enrôlé dans le 41e bataillon.

« M. Catelin organisa une ambulance où 236 blessés reçurent les soins les plus dévoués.

« Il assista ensuite à divers combats, notamment au Montal, route de Chaville, au Moulin-de-Pierre, à Clamart, descendant pendant la nuit dans les tranchées y ramasser, sous une pluie de projectiles, les morts et les blessés.

« Son colonel le fit citer à l'ordre du jour du régiment.

« Sous la Commune, il trouva une nouvelle énergie pour empêcher les déprédations, et d'accord avec quelques amis, il mit en sûreté le curé (1) qui allait être arrêté, sauva les deux couvents des religieuses, malgré les menaces proférées contre lui.

« Lors de l'entrée de l'armée régulière dans Paris, un

____

(1) M. l'abbé Stefani. C'est le même ecclésiastique qui en pleurant a administré M. Catelin à ses derniers moments. Le mourant consolait le prêtre et l'ami!

poste composé de dix hommes avait été placé dans sa maison, les fédérés firent irruption et déchargèrent leurs armes en feux de peloton. Neuf hommes furent tués, et M. Catelin reçut une balle qui troua son gilet et se perdit dans ses vêtements.

« M. Catelin a déjà obtenu de nous une médaille pour publications utiles à l'instruction de la jeunesse. Aujourd'hui nous lui offrons une couronne civique pour dévouement à l'humanité. »

La courte notice que je viens de citer n'a rien d'exagéré, et les détails nous en ont été fournis par des témoins oculaires dignes de foi.

Il aida de ses conseils et de sa personne les autorités dans les moments difficiles.

Membre de la municipalité de Montrouge, M. Catelin a rendu à ses compatriotes les plus grands services; il s'est occupé avec un soin minutieux de tout ce qui pouvait contribuer à leur bien-être matériel et moral. Il a pris une part active à la fondation, dans la localité, de l'asile Saint-Charles, dont il fut le président (1).

Quand on fait le bien, il ne faut pas croire que l'on soit pour cela à l'abri des suppositions malveillantes et des attaques injustes. Il suffisait que M. Catelin fît mieux que d'autres, imaginât et tentât des améliorations qui n'étaient écloses dans nul autre cerveau, pour que les esprits étroits et à courte vue l'accusassent d'ambition.

D'ambition, lui! Jamais il ne fut atteint de ce mal, et nous savons de source sûre qu'il n'a jamais voulu, en 1849, ceindre une écharpe beaucoup plus importante et plus enviée des ambitieux que celle de maire d'un faubourg de Paris !

---

(1) Cet asile ne porte plus le nom de Saint-Charles. Pourquoi?.....

Nous arrivons au moment suprême. Le 20 octobre dernier, je reçus, à midi, un télégramme ainsi conçu : « Cher ami, me laisserez-vous mourir sans que je vous voie? Venez vite; il serait bientôt trop tard. — CATELIN. »

Je savais qu'en juillet il s'était blessé en tombant d'un banc où il était assis dans son jardin de Saint-Rémy; mais je l'avais vu le 10 août assistant, auprès de moi, à la distribution des prix de la pension de son gendre. J'étais loin de supposer les graves et rapides progrès du mal. J'accourus.

Je le trouvai dans un fanteuil, les jambes démesurément enflées, la poitrine oppressée, la figure amaigrie, mais l'intelligence saine et en pleine connaissance de son état désespéré. Il me tendit les bras, m'embrassa avec effusion, et se mit à me parler de nos Sociétés avec un calme et une lucidité qui me frappèrent vivement. Autour de cet être chéri des siens et que les siens allaient perdre, chacun retenait difficilement ses larmes. Je laissais les miennes couler. C'est lui qui me consolait et relevait le courage de sa famille éplorée. Il voulut me remettre un travail important qu'il avait arrangé de ses mains défaillantes, pour la Société d'Encouragement au Bien. C'est le répertoire général, par lettre alphabétique et par volume, de nos lauréats depuis quatorze ans! Travail précieux, qui facilite nos recherches et nous économise beaucoup de temps.

Il causa encore sans trouble et sans émotion de sa mort prochaine, du regret qu'il éprouvait de donner du chagrin à tous ceux qui l'affectionnaient... Il souffrait beaucoup. Je lui conseillai le repos... « Ah! j'ai l'éternité pour me reposer, me répondit-il, et il me reste si peu de temps sur la terre, que je veux en profiter pour soulager mon cœur. » Il ajouta qu'il venait de remplir ses devoirs religieux, qu'il espérait en un monde meilleur, et il me chargea de vous transmettre ses derniers adieux et d'être près de vous, Messieurs, l'interprète des sentiments de sympathie qu'il avait toujours conservés pour chacun de ceux avec lesquels il avait travaillé à l'œuvre commune. Ma douleur se confondait dans mon admiration, et je me disais, en quittant l'ami que je ne devais plus revoir ici-bas, qu'il fallait que cet homme, dont la dernière heure allait sonner et qui s'apprêtait à comparaître devant le suprême juge, eût une âme bien fortement trempée, bien pure et profondément juste pour n'avoir aucune appréhension et montrer une pareille sérénité dans un moment aussi solennel. J'appris qu'il avait voulu recevoir les derniers sacrements et répondre lui-même aux prières des agonisants devant toutes les personnes de la maison agenouillées autour de lui, afin d'apprendre à tous comment doit mourir un chrétien. Où donc Charles Catelin puisait-il cette énergie, ce courage en face de la mort? Dans la religion seule, Messieurs, et dans les principes de foi qui avaient servi de règle à toute sa vie. Hélas! quelques jours après, ce modeste et honnête homme s'éteignit, après d'horribles souffrances, stoïquement supportées.

Ses funérailles ont eu lieu comme il l'avait prescrit; son épitaphe a été gravée sur sa tombe telle qu'il l'avait rédigée lui-même. Le souvenir de ses vertus et ses sages conseils guideront toujours la conduite de sa famille. — Son nom restera toujours dans le cœur de ses amis et dans nos Sociétés, comme le type de la probité, de la douceur, de la loyale fraternité, et ce qui vaut mieux encore, du véritable philosophe, c'est-à-dire du chrétien convaincu. Heureux, Messieurs, heureux l'homme qui ne craint pas la mort : c'est le plus bel éloge de sa vie passée!

Nos collègues, MM. Loubens, vice-président, au nom

de la Société d'Instruction et d'Education populaires ;
Girard, trésorier, au nom de la Société d'Encouragement
au Bien ; Auguste Humbert, secrétaire général, au nom
des Lauréats des deux Sociétés, et M. Léopold Laluyé,
homme de lettres, au nom des anciens élèves de l'institution, ont fait entendre sur la tombe de M. Catelin d'élo-
quentes paroles. Dernier et respectueux hommage rendu
à celui qui est, nous l'espérons, enseveli aujourd'hui dans
l'amour et la miséricorde de Dieu!

Quant à nous, Messieurs, inclinons, avec une do-
cile résignation, nos fronts et nos cœurs devant la main
qui nous a, depuis quelque temps, envoyé tant de poi-
gnantes douleurs. Serrons nos rangs ; imitons les grands
exemples que nous lèguent ceux qui s'en sont allés affran-
chis avant nous des liens terrestres. Que pour nous,
comme ce fut pour eux, le seul objectif soit constamment
le bien, et notre seule préoccupation le devoir!